welle vorwärts

© Alma Larsen München 2006
www.alma-larsen.de
Alle Rechte vorbehalten

edition malandrin münchen prag
Anschrift: Josephsplatz 5, 80798 München
www.malandrin.de

Herstellung Parat Druck München
Printed in Germany

ISBN 3-9808210-7-2

welle vorwärts

Alma Larsen

gedichte und andere texte

edition malandrin

LOCH AUF LOCH ZU

Neunzehnneunundachtzig

Januar atem – zu
das loch bleibt
stecken in der kehle
ein knoten
hält die worte zurück
sie weiß wieder nicht: was
denkst du liebes?   luft
luft sie braucht den stoff
er wieder mal sauer
fühlt sich gestoßen aus
luft – wer löst
den knoten?

lass fließen die lust
komm aus dem kopfstand
in die horizontale

doch er besteht auf
wenn und dann und
wenn und dann und
null und eins ach vater
er rafft es nicht
bleibt ein tüchtiger
nesthocker

wo sitzt die angst
ist das eine frage
von oben und unten?

Februar   sie sucht sich
die mahnung im kopf
schuld bewusst wieder nichts gedacht
beweise ihm das
genieße das nichts

beginnt zu buchstabieren:
a wie also, be besonders
was wie zittergras in der stimme
    klingt flut so warm und weit
    so grenzenlos es rauscht?
er zirkelt nicht lange: schluss
mit dem gequassel darauf einen kuss
und denkbar engumschlungen

doch kreist es jetzt in ihr
ist es das gleiche oben wie unten
unsagbar spürbar nur
in diesem fall – vielleicht?
sie dreht sich um auf den bauch:
man kann es fühlen
den ansatz der flügel
mit schwebender hand – er lacht aus
aus ist die stille
und nicht begreifbar von rein
mechanischem denken

sie ahnt
das NICHTS ist kein LOCH
nicht mit nicht teilbar
trotz seiner unendlichen größe

März von allen vier seiten
zieht es sich dunkel zu zuerst
dann kühlt es ab
der fluss vertrocknet der boden
entzieht sich dem gemeinsamen grund

in dieser nacht des grollens
türmt er in fremdes nest
sie lässt das kuckucksei zurück
mag eine andre glucke brüten
ihr flügel ist zu stark
für sorgendes mutterflattern

sie fühlt sich voller mond
ein loch im himmel
durch das es leuchtet
sie einhüllt in gleißenden mantel
der überdauert
die leicht verderbliche materie

von hier aus
keine nachtangst mehr
sie schläft jetzt schnell
vertraut dem hand
geknüpften netz der hängematte
von hier aus
sind wieder reisen möglich
ein griff zum tropenhelm
schaltet den kopf aus
im brennpunkt ihrer öffnung
ist platz für neue träume

April   die ersten leeren wochen über
lebt sie kaum
es wartet das abendloch
zwischen fernsicht   und fehlender nähe
getrennt ist die naht
endgültig fallen die stoffe
auseinander sie stopft sich
voller spaghetti und schokolade warme kalte
wechselbäder zwischen stick und dünn

und plötzlich grün
und kröten sammeln sich im teich
sie schnüren huckepakete die fäden
verbinden kleine schwarze perlen
verkettungen mit dem leben

der steinerne leichnam des bischofs
im kloster von Alpirsbach
mit dem offenen bauch voller kröten
reduziert auf haut und knochen
über unter irdische wege der lust
vom pfad ab die lücke suchend
in hohlen sätzen hat krankheit
ihn verflucht und aufgezehrt

auch er hockt noch in ihr
beziehungsweise ist eine lücke
zwischen ihm   und der zukunft
setzt sie ihr leben in die luft
ahnt nichts vom seidenen faden

Mai   heile weile gänsewelt
      die kleinen mädchen tragen blümchenkränze
      die immerweiße zeit der langgeschossnen
      blassen körper tragen ringe im gesicht
      die großen augen blicken dunkel fragen
      löcher in die welt

      spinnst du
      fragt die erkenntnis sie beim anblick
      eines längst verschossnen fotos
      die geschichte ist verblichen bis aufs bild
      sie sucht vergeblich das motiv
      dahinter ist es nacht

      ist das alles leben
      eine kette blitzender momente
      und dazwischen lücken jahre
      die vorbeigeflitzt sind
      innerhalb sekunden beim ertrinken
      oder fallen wie sie weiß

      das gewebe ist aus gummi
      ausgeleiert doch es könnte
      leicht noch teilen eine halbzeit
      wenn sie ordentlich sich hielte
      an gegebene instruktionen:
      schleuder drehzahl temperatur —
      schneller läuft die pumpe niemals
      von alleine und die beine voller wasser
      machen neue schritte schwer

Juni   im stein liegt wahrheit
       verschlossen der wein bleibt
       zeichen auf dem blatt
       bleibt heute in der flasche
       sonst erzählst du wieder um
       geronnene geschichten
       ohne zweifel

       ein bett aus steineiche
       wortarme blätter im urlaub
       rascheln nur kleine gerüchte
       hörst wachsen es in der welt
       vorm kopf ein regenbogen

       und willst dus wissen
       trau keinem über
       der weg ab dreißig
       wird immer schneller
       das wort automatisch
       gepresst luft   luft
       auch korken sausen durch den raum
       verschlimmern das denkbare
       schild-kröten-fallen-auf-rücken

       die ferne schöne nördlich jetzt
       so fern wie schwalbennestersuppe
       seh ich vom stein getroffene köpfe
       denke ich täglich an China

Juli der marsch bleibt im dorf
für feste reihen das muster
eins rechts eins links für hoch
zeit und fahnenweihe
und zu den glocken eilen
marschieren das ist kein witz
die irren immer wieder
gegen
einander
mit haut und haar und hand und fuß
treten die männer in ehren
die frauen
schließen die knie und loben den herrn

aus diesem sinn zu behaupten
dass sie keine menschen seien
soll datenmaterial leicht vernichtbar
durchlöchert und gefallen
gespeichert in sammelgruben
zur feldweit sinnvollen lösung?

je ferner desto leichter schießen
immer wieder ab
gründe aus dem boden fallen reife
fallen anonyme früchte der begierde
und des hasses
suchen schuld und machen schulden
megatonnen auf den abfall
äpfel birnen und granaten

August   den geist in der flasche vergisst du
einfach zu gießen
den champus Pavese
brennst durch mit seinem geld
was wird aus der hochzeit?
dir schneid ich noch die blume ab
bevor dem hasen das fell
versengt oder über die ohren
mit pfeffer und schrot

feuer! schreit es
ein anschlag auf die haut
wie nackt kann dich das brennen
verrauchte gebilde aus traum
gedanken und arbeit
in form gebrachtes dünnes
gleichgewicht und
aus – gelöscht die hitze
wasser dringt vor
durch alle ritzen drückt es
erstickt das gefräßige tier

in stiller transformation und feuchter wärme
wächst neuer hellgrauer flaum
über offene wunden
statt zuzudecken weiter zu zerstören.
in kaltes tiefes wasser musst du springen
nicht löcher stopfen
flickwerk unterm alten himmel
das hasenherz wird auf dem rost gegrillt

September   in feuchter wärme wüchsen sie
am besten in der erinnerung
den geschmack von kindheit & abenteuer
noch auf der zunge
bleib ich für immer abhängig &
süchtig nach den kleinen braunen
spüre den entzug des lebensmittels
reklamiere vergeblich den würzigen schleim
im dritten jahr fallout zum glück fürs myzel
fällt mein protest auf unfruchtbaren boden

fußpilz atompilz schimmelschwammerl
weiche birne loch im hirn
sommer vorbei die helle
die zeit sowieso
im galopp weiche knie
loch in der socke
durch das es atmet
die bodenhaftung nicht verliert
arbeit mit hand und fuß ist gefragt
statt waldspaziergang: dunkelkammer
haft es rauscht das wässerbad und
der mykologe im radio schwärmt
von tausend sorten fürs auge
zierstücke nur die röhrlinge
wie die schwämme

verzichte aufs letzte gericht
und frage was kostet die welt
als gäbe es zukunft

Oktober unterwegs briefe auf und heben
um sie in einem zug zu lesen
vorbei an schrebergärtnerinnen
stunden fließen hundegräber
schienennahe ruhestätten für
verstummte kläffer und kartoffeln

ein schöner grund zum feiern: satz
ansatz und ton und quer verzüge
bindungen die knoten lösen sich
entfesseln eine melo die drei vier
nicht harmonisch ist aber schwingt
und das spielbein bleibt intakt
denn die figur soll ja kreisen
zwei vor eins zurück
in zierlicher spirale auch den stand
fuß ein stückchen bewegen

sag mir warum die schlüssel blühn im herbst
für wessen öffnung sie die gelben
köpfe schwingen? unzuverlässiges system
das aus der reihe tanzen lässt und
dann passierts in vollen zügen leben
entschlossen sich dünne zu machen
durch das loch
im vorhang im vertrauen auf die blühkraft
die alten haustürschlüssel stecken lassen –
wenns nur kein falsches stichwort
die souffleuse kann zwar fließend italienisch
doch der chor aus sachsen ist geprägt
vom lebenslangen stimmstempel

November   nur in gestopftem zustand über die grenze
kommt die polnische gans in reiflicher zeit
ein gern gesehener gast auf unseren tischen
decken! strecken! übungen für kopf & knie:
wer hat die kokosnuss die letzten
plastikvitamine für den harten winter
und afterwärts ein Dulcolax
das aufräumt mit dem rückstau
im gedärm der überfütterten
die andern habens satt

im stotterdeutschen zweitakt rollt
zuerst das geld und dann die träne
schau nur
die vielen schwalben auf der mauer
die vielen abgeschnittenen sätze
der befragten volksdarsteller
in unserem TV ist rührung teuer:
schau

traumgeschäfte mit den alten trümmern
kennen wir uns aus
ein echtes stück geschichte
aufgerollt die ärmel
mauerspechte hacken löcher und
verpacken souvenirs in kleine säckchen
plötzlich krempel-stopp:
die warteliste liegt im roten rathaus
dieser teure hintergrund wird nicht zerkloppt
das unbewältigbare mauerwerk
wird traumkulisse für die bärenjagden

Dezember   lebensloch durch das enge hinaus
da wo es voll ist nichts mehr schön
knallangst fällt dir in den rücken
unabsehbar fliegen kröten durch die luft
auf allen vieren kriechst du würmchen
lichtwärts UND

dichtmachen jetzt
wo es warm wird um das gerManische
willst du das loch?
und all die ungenannten unverwandten
knastbrüder und schwestern
denen es übermorgen weh wird
während wir voll bepackelt pfeifen
auf dem letzten und die türspione
beschlagen wenns glöckchen klingelt
haben wir nichts mehr zu geben UND

kann das wahr sein kein arschloch hier
hat po-e-sie mit leben nichts zu tun?
die versfüßchen stecken wohl in pumps
und trauen sich nicht in die gosse!

im li-la-loch wird licht gemacht
es hat noch beide seiten: drinnen &
draußen wo Ludwig Otto Cäsar
Heinrich warten ausgestoßen
haben sie nichts als heiße luft –
jetzt halten WIR flammende reden
mit rotem mUND

MOND ART – HUT SUCHT A
eine Woche in Berlin

wir sehen uns wieder nach jahr und tag.
die stadt ist nicht wiederzuerkennen.
sie schmückt sich mit verschiedenen kopfbedeckungen.
ihr westlicher teil trägt immer noch eine ART schirmmütze
MONDförmig, in den farben des sternenbanners
doch haben wir auch BOWLER, BARETT
und BASKENMÜTZEN herumlaufen sehen.
die hauptsachen sind: auffallend abwechselnd anstoßend.
nachsichtig lächeln wir den jungen spatzen hinterher
die mit zerrupften federn das gegenteil beweisen wollen.
süchtig danach den boden unter ihren füßen zu verlieren
sammeln sie jedes stückchen stoff
und knüpfen sich kleine fußabstreifer draus
auf denen sie abheben können zu einem kurzen unfug.
die größeren gockel scheren sich einen kamm
und sonst nichts
während die menschen in der kneipe hocken
und den orang-utan üben.
wir sind überwältigt, finden aber keine bäume
und entrichten ein notopfer in die parkuhr.
danach fühlen wir uns gut
gönnen uns einen espresso und essen mohrenköpfe.

wir reihen uns ein in die prozession auf den kreuzberg.
anwälte schauen sich hilfesuchend um. wir merken
dass sie merken, dass sie auf der falschen veranstaltung sind.
ein paar internationale schauspieler kennen sich aus
und schlagen das kreuz auf dem berg.
die stadtisten schlagen sich auf die brust.
am anfang war die stadt.

am anfang war die tat.
wir finden das einleuchtend
solange wir damit alle zweifel ausschalten können.
wir legen die hände in den schoß und entspannen uns.
die spanner um uns herum handeln ebenfalls.
sie versuchen sich ihr eigenes bild zu machen
enden aber beim vorletzten strich
weil ihnen das licht ausgeht.
wir sehen dass sie sich die schuhe ausziehen.
wir schauen zu wie sie zuhauen.
wir zeigen ihnen die faust.
unsere steifen ZYLINDER verhindern das mindeste.

wir wechseln das hemd und suchen uns eine leibliche nacht.
wir gehen über die wiedervereinigungsstraße
und treffen einen rausch-geld-engel.
wir kriegen beides, wenn wir ihm eins dafür geben.
rasch kaufen wir eine packung gummibären
und verhüten das schlimmste.
die tüte reicht noch für den nächsten akt.
auf der suche nach einer echten hautsache
geraten wir in den hofgARTen.
dort blühen im verborgenen runde rosa fleischpflanzen.
das ist ganz nach unserem geschmack.
bevor wir unseren appetit ausdrücken können
rollen sie über uns hinweg. wir sind platt.
wir holen tief luft und wundern uns über ihren mundgeruch.
wir bieten ihnen die letzten bären an
mit denen sie gemeinsame sachen machen.
jetzt schauen wir in die röhre.
der MOND ist aufgegangen.

der MOND ist ausgegangen.
die massen vermissen ihn und singen sich einen.
wir wissen es besser.
in sieben seen schimmert er silbern und strahlt kometengleich
in den kosmos für alle, die sich auf der astralebene bewegen.
den anderen verleihen wir zum trost den nachtmützenorden.
sie sollten selber darauf achten dass die MÜTZE passt, denn:
wem sie übers gesicht rutscht, der ist sein leben lang versaut.
und wer zuviel eisbein isst
der kriegt frostbeulen an den magenwänden
dagegen ist kein sauerkraut gewachsen
das unseren nachbarn so gerne aufstößt.
um alle wartungen von leib und seele zu erfüllen
trinken wir einen doppelten halbundhalb.
das wird auch den eisbeinen gut tun.

für die nächste malzeit verzichten wir ganz auf fleisch
und bestellen farbe, pinsel, stein, schere und papier.
dann knobeln wir um die palette.
farbe setzt froh auf rot und fliegt raus
weil rot längst verblutet ist.
pinsel trieft völlig blau
hat wohl zu tief im glas gestanden, fliegt auch raus.
stein behART auf form und gewinnt als sonderpreis
einen freiflug durchs nächste fenster.
schere ist siegerin, schneidet sich ein quadrat aus papier.
wir finden das kleinkariert
und schneiden uns einen kreis aus stoff.

wir schneiden uns einen kreis aus kunst-stoff.
unser kreis läuft, dreht sich, klappt zusammen.
nun ist er nur noch halb so groß
und sieht aus wie das D eines MONDes.
wir umstehen den mond in einem halbkreis
der rest ist verdunkelt, wir nehmen ihn trotzdem für voll.
wir fassen uns bei den händen
egal ob sie warm oder kalt sind.
dann gießen wir licht auf die andere hälfte
in einer mischung aus neugier und vollkommenheitssucht.
wir sehen auch dort nur graue kästen und sind entsetzt.
wir hetzen ins blaue, gierig auf der suche nach dem glück.
möglicherweise ist nur das nötige notwendig
doch wem wenden wir uns anschließend zu?
wenn die natur vollkommen wäre
hätte sie keine hasenschARTe erfunden
und wir könnten sofort mit der suche aufhören.
dann hätte auch der dichter das seerosenblatt
mit seiner schrift nur beschmutzt
und wir hätten unser ohr erneut dem falschen gott geöffnet.
vorbeugend kaufen wir uns OHRENSCHÜTZER.
da bleibt der kopf zwar sichtbar
doch die eingänge sind verstopft.
um die augen machen wir uns keine sorgen
die lassen sich nicht so leicht täuschen.
sicherheitshalber binden wir den kunst-stoff-kreis
vors gesicht und werden spanisch.
wir schneiden ein loch in den kreis.

wir schneiden ein loch in den kreis
indem wir mit der linken in die mitte des kunst-stoffs greifen
und mit einer scharfen rechten hART am rand
der linken entlangsäbeln.
dann breiten wir den kunst-stoff-kreis wieder aus
setzen uns in die mitte und egalisieren die illegalen ränder.
wir konzentrieren uns.
die mitte sieht jetzt aus wie ein vollMOND
drei tage vor seiner geburt. wir stellen den sekt kalt.
wir setzen eine NARRENKAPPE auf
und streifen die sterilen handschuhe über.
wir kappen die nabelschnur
und wissen dass es blut kosten wird.
wir zahlen bar und nennen das kind Rotkäppchen.
das kommt allen bekannt vor
doch sie wollen es mit eigenen augen sehen.
rasch versammelt sich in unserer mitte eine masse
so dass uns die luft knapp wird.
wir zeichnen eine luftbrücke
auf der die masse den kreis verlassen kann.
sie vermischt sich mit den randgruppen
an der außenkante unseres kreises
und bricht rücksichtslos alle brücken zu uns ab.
wir fühlen uns irgendwie unausgefüllt
und suchen uns einen guten schwarzmaler
der das innere loch tiefschwarz einfärbt.
unser kunst-stoff-kreis sieht nun aus wie ein auge.
es schaut auf den eigenen nabel.
es kreist um seine erfüllte mitte.

es kreist um seine erfüllte bitte.
bevor ihm das zu langweilig wird, bauen wir ihm ein sehrohr
damit es seinen blick auf die welt richten kann.
sonne MOND & sterne umkreisen das sehrohr.
einige schlitzohren durchschauen das spektakel und
errichten ein groschengrab. das schreckt uns nicht.
festen schrittes betreten wir die katakomben
an deren ende uns der zeitraum leuchtet.
wir fühlen uns abwechselnd wie vorgestern oder übermorgen.
wir hoffen dass es ein vorübergehendes gefühl ist
und wir bald einen fuß in die gegenwART setzen können.
wir müssen anstehen, denn der andrang ist groß.
wir wundern uns, warum wir nicht die einzigen sind.
ARTistIN, erklärt die frau am trapez.
jetzt verstehen wir die sorgen der metropole
beim jonglieren mit den sieben hüten.

endlich sind wir an der reihe. wir gehen bis an die grenze.
dort sehen wir den künstler am besten.
er trägt einen TRACHTENHUT als wahrzeichen.
wir fürchten dass er beim spielen schummelt
weil er nur schafkopfen kann.
dann macht er aber einen punkt und stimmung kommt auf.
viele schwarze punkte hüpfen
wir denken an flohzirkus und wollen kratzen, doch nein
da ziehen auch striche, kreise, winkel, haken, schlangen
linien fangen zu tanzen an nach des künstlers pfeife
marschieren im takt, formieren sich zu wörtern
setzen sich wieder auseinander, verpassen
den schlusspfiff und kommen nicht mehr in die reihe.
die wörter taumeln durch den raum.

die wörter laufen durch den raum.
sie treffen auf stumme blicke
die sich in ihren ansichten verletzt fühlen
und giftige pfeile abschießen.
die wörter errichten schallmauern
auf die sie mit silberfarbe ihre parolen sprühen.
ein wort hat versehentlich eine dose mit tränengas erwischt
die blicke verschwimmen
im handumdrehen kommt es zu einem wilden gerangel.
die wörter rotten sich zu sätzen zusammen.
die blicke vereinigen sich zu einem schauplatz.
jetzt mischen sich zeichen und linien ein:
während die zeichen den blicken nicht von der seite weichen
schlagen die linien sich auf die seite der sätze.
einige besonders gefährliche hieb
und stichwörter kriegen redeverbot
unter androhung eines lebenslänglichen zungenschlags.
da die blicke weniger eindeutig sind
kommen sie mit einem blauen auge davon.

die HAUT steht unschlüssig im raum.
normalerweise ist sie großporig
ist für wörter und blicke gleichermaßen zu haben.
sie hat überhaupt kein verständnis für den streit.
sie versucht die parteien unter einen HUT zu kriegen
findet aber so schnell nichts passendes.
wir bieten ihr unseren kunst-stoff-kreis an
doch der hat ja inzwischen ein loch
durch das immer wieder der eine blick
und das andere wort entschlüpft.

HACKE PETER UND ROSEN
Kurzkrimi

am MONTAG im bunten glockenrock
mit dem zeichenblock auf den knien
hockt die blondgelockte künstlerin
aus Rostock nahe beim trockendock
als schlagartig die schiffsglocke ertönt:
ihr käptn, ein kerl von barocker statur
hat pocken an bord, welch ein schock

am DIENSTAG strickt die zicke
mit den lila lockenwicklern
und dem silberblick an einer socke
knickt am hacken ihren zeigefinger um
verliert den dicken faden
und die lust auf picknick
mit gespickten frikadellen

am MITTWOCH pflückt die witwe
schon zum frühstück rote beeren
nahe bei der brücke ungeschickt
verrenkt nicht nur den rücken auch
ein mückenstich trifft sie und –
tücke des objekts: ihr krückstock
landet hinterrücks im wasser

am DONNERSTAG zum zweck des fickens
treffen zwei sich hinter einer hecke
haben ihre decke dort versteckt auch
die perücke falls man sie entdeckt
und eine lage speck auf pumpernickel
lassen sie sich schmecken blind vor liebe
sehen nicht die zecke nah am becken

am FREITAG haben wir frei und treffen
Peter der uns freiwillig seine hacke leiht
damit wir die rosen vom unkraut befreien
wir lassen ihm die freie auswahl welche
von uns beiden er zum lohne freien darf –
die andere greift ungerührt zur hacke

am SAMSTAG packen wir den nackten
zwieback in den rucksack, fahren
zu der abgewrackten holzbaracke
wo wir Peters jacke abzufackeln haben
denn für unseren geschmack ist längst
der lack ab von dem stück, nur dieser
sticker mit *fuck you!* der bleibt zurück

am SONNTAG schreit der kuckuck dreizehn
unser blutdruck sackt vor schreck bis unter null
wir schlucken rosa pillen mit lau
warmem muckefuck und süßstoff
haben keinen bock auf zuckerstücke
diesen ausdruck eingepackter spießigkeit
auf die wir schmucken girls so gerne spucken

WIE STUHL UND LUST
ein Stück für vier Stühle

*Der Wunsch zu leben bedarf
keiner Entschuldigung.*
Richard Weiner

1. SITZ

welch ein wagnis jeden tag
der künstliche boden im hoch
im obersten stock werk sitz ich
oder schwebe fliege dort
auf meinem tepp ich?
wer
möchte tauschen von meinem platz
aus sieht man besser
wird man besser
gesehen
wer sitzt gern in der ersten reihe
beim nah und fern sehn leichen
blasse gesichter
wer versichert euch
dass ihr nicht drankommt heute?

einen guten abend wünsch ich mir
wo hören nicht stört wo
alle gänge die aufgetischt werden
essbar sein bis zum ende des menüs –
spitzen bei menü die einen ohren
oder andere münder
so entlocken nur vier gänge
müdes gähnen
dem ritter vom eisernen gaul

ein langer abend
      so   da   sitzen
und warten dass sich was bewegt
zwischen gaumen und gabel
zwischen finger und hirn

    aufsetzen
    absetzen
    die hüte die masken
    die böse miene
    das gute spiel

mein daumennagel trägt malträtierillen
ausdruck eines eindrücklichen
nichtgelassenseins und wäre froh
ich stellte mich nicht den erwartungen
so ausgelassen und bedeutungsfett
entsetzlich!
absatz!
und

ich wünschte mir paar leere stühle
platz für sätze die vollkommen
unvoreingenommen unentschuldigt
freigelassen in die welt gesetzt

ich will euch ein paar schöne sätze
sagen die mich machen sollen
dass ihr mir den stuhl nicht vor die tür
denn dies ist feuerlich verboten

so ein satz der schön macht
weckt erwartungen wie frische butter
croissants noch splitterwarm mit biss
ist solch ein satz die krönung und
der kleine tod am ende eines abschieds
der in alltag umschlägt ohne warnung
ohne sich zu entschuldigen?

ein satz der mich schön macht
wäre vielleicht
Der Wunsch zu leben bedarf
keiner Entschuldigung
aber der ist gestohlen
die stühle sind natürlich gemietet
aber ein solcher satz ist
unbezahlbar jedenfalls mit
sechzehnachtzig einsatz
für das leben eines andern, des R.W.
als lippenstift in meinen blassen text
gezogen der es machen soll und
horchen lassen:
ohrenmerk für sechzehnmark
das ist doch nicht zu rot!
ob er aber konturen zieht
in der buchstabensuppe
als salz sich verteilen sich lösen
auf für schönheit und geschmack?
so halte ich die prise hoch
und fülle den topf mit brocken
von der straße

mit gefühl und lärm
als wäre vorher krieg gewesen
habe bleiche kinder zugedröhnt
und weggetreten taumeln sehen
so als trauten sie dem glück nicht
übertragen alle macht den stoffen

mein schöner satz auf diesem platz
da sitzt du gut auf deinen ohren
oder sollten wir die stühle wechseln
windeseilig zwischen haut und morgen
ist doch alles längst gesagt
die hände faltig wie
das tischtuch unterm baum
darauf die jungfrau rote flecken
hinterließ und keiner weiß
wie man es macht
dass alles rein bleibt westen
taschen cowboys eselstreiber stern
und zimt und puderzucker drüber

stuhl gestanden! donnert es solange
männchen männchen machen hunde
zwinger pfoten hoch das tor macht auf
und weiter gehts im ramba
zambaschritt

stuhl gehalten auch wenns weh tut
engel ist dein job denn ohne dich
wärn wir vermutlich auf geflogen

wir mit unserm schönen satz
mit unserm wunsch zu leben –
entschuldige engel
verpassen wir deinen einsatz?
bist du nicht längst übermüdig
willst du einen stuhl?
ich weiß du setzt dich nicht
anstelle von erwartung
leer und unbeeindruckt soll die seele sein
nicht satz nicht stuhl noch
forderungen stellen vor die tür
wenn du vorbei im freien fall
und stille stille auf den zehen
ohne anzuhalten
diesen wunsch erfüllst

2. STUHL UND LUST
Dialog für zwei Klappstühle

(er) (sie)

du...
    ja?
bist du frei?
    ja, ich bin so frei!
du bist so irgendwie...
    so wie? so wie du, wie?
nein anders, so anders als ich.
    du bist so schön schwarz...
und du bist so toll rot...
    schwarz ist meine lieblingsfarbe.
ich bin eben ein stuhl, aber du,
du bist, du bist eine lust!
    du bist so ein starker schwarzer
    strammer stuhl...
dein rot macht mich rasend!
    dein schwarz macht mich schwach!
du meinst, du würdest?
    du fragst, ob ich könnte?
ich meine, wir sollten!
    mein starker schwarzer stuhl...
ich steh auf dich!
    ich sitz auf dir!
ich gestehe meine lust.
    ich sitze dich an.
lipp!   lapp!

(beide rücken zusammen)

(er)	(sie)

du hast mich so bestellt,
so klipp, so schwarz.

        du hast mich ganz besetzt,
        mein klapp, mein rot.

wir wollen immer zusammen stehen.

        du bestehst darauf?

ich gestehe es ganz ohne worte.

        wie wunderbar! ich muss mich
        nicht mehr verstellen...

weil wir beide zum sitzen
geschaffen sind.

        weil du mir von vorn, was
        ich dir von hinten.

ich bin besessen von dir,
du meine wilde lust!

        und ich habe jetzt eine lehne
        zum anschultern...

dann ist ja alles klipp.

        na klar,

ganz wunderbar,

        ganz wunderbar!

ich besitze dich also?

        klipp klapp

klipp

        klapp

(zusammen)

        klipp klapp

(er dreht den Stuhl)

(er) (sie)

guten morgen, mein klappstühlchen!
    guten morgen, mein schaukelpferd!
hat es heute nacht nicht toll geklappt?
    mit dir klappt es immer!
das finde ich auch.
    sollen wir gleich noch mal...?
weißt du, zur abwechslung könntest du
dich mal ALLEIN zusammen klappen.
    wie? sooo?
    (sie klappt den Stuhl zusammen)
ja, so ist es gut.
    aber warum?
du – du siehst dann so schön –
schlank aus.
    gefalle ich dir denn so besser?
und praktisch ist es auch.
    aber warum???
weil ich so mehr platz habe,
um mich zu entstellen.
    können wir dann überhaupt noch
    zusammen klappen?
ich habe jetzt sowieso keine zeit.
    du musst fort?
ich habe eine sitzung!
    kann ich nicht beisitzen?
das geht nicht, man besteht
auf schwarzen stühlen.
    ich werde nach dir anstehen.
klipp!
    klapp, kla-app.
    (sie winkt ihm nach)

(er)	(sie)

morgen

                    heute, mein lieber klops, muss ich mit dir reden!

reden? was ist denn??

                    ich fühle mich von dir zurückgesetzt!

das übersetze ich nicht. ich mag dich doch, meine liebe lust.

                    ich denke, ich bin dir schon zur last geworden.

aber da sitzt du total auf dem holzstuhl!

                    ich kann nur noch von dir träumen, weil du ständig stapeln gehst.

aber das gehört zu meiner stellung. wir hatten doch die entgegen gesetzten standpunkte unserer wiederherstellung ausgesessen!

                    wenn du dich nicht versetzen lässt, muss ich mir einen ER-satz suchen!

ganz schön listig, meine kleine lust! aber stuhlhaft: fang bitte jetzt keine auseinandersetzung an, ich habe morgen einen harten einsatz!

(er dreht sich um, kurze Pause)

(er)	(sie)
	du-u, mein stu-hul...?
hmmmm	
	weißt du, worauf ich lust hätte?
du hast echt nichts anderes im kopf!	
	sei doch nicht so standhaft!
also gut, was setzt du auf?	
	lass uns ein bisschen – laufen!
du bist lustig! laufen? wie stellst du dir DAS vor?	
	wir verändern unsere abstände und klappen uns ein bisschen zusammen und ein bisschen auseinander und wieder ein bisschen zusammen...
also ich finde das albern. du weißt, ich bin für stabilität. was ich einmal festgestellt habe, dazu stehe ich.	
	du bist ent-setzlich stur!
du bist laufend launisch!	
	du bist ständig steif!
man kann sich nicht einfach über seine aufstellung hinwegsetzen. mit deinen launen missverstehst du die ganze sitzordnung!	
	es bricht dir doch kein splitter aus der wade, wenn du – wo uns eh keiner sieht – aufstehst, um mit mir ein bisschen zu lustwandeln!
ich in meiner po-sitz-ion kann mir keinen aufstand leisten. ich bin ein stuhl! ich bleibe statisch!	
	was hast du nur? du bist in letzter zeit so lustlos wie ein hocker!
wie ein hocker? weißt du, du, du – kannst mal absitzen, du alte klappstulle!	

(er)   (sie)
(jeder für sich)

                er hat irgend etwas an sich,
                dass ich nicht versitze...

ihr fehlt einfach irgendwas,
ich weiß nur nicht was...

                ich will versuchen, mich in ihn
                hinein zu versetzen, damit es eine
                fortsetzung gibt...

wenn ich sie mit meiner letzten lust
vergleiche, die sich unter anderen
umständen abgesetzt hat..

                vielleicht möchte ich ihn zu oft
                besitzen?

sie ist ja nur eine kleine angestellte...

                er will auch zu hause immer
                vorsitzender sein...

bei licht betrachtet ist sie sogar
unanständig!

                er ist inzwischen so gesetzt wie ein
                bürostuhl. aus stahl ist er zwar nicht,

sie scheint mir doch zu aufsässig!

                aber auch nicht unersetzlich!
                ich werde ihn überstehen.

(zueinander drehend)

(er   sie)

du sagtest doch,
du seiest frei?

                        ich WAR so frei – du hast mich
                        mit erwartungen besetzt!

ich hatte dich zur LUST
bestellt – dabei bist du
doch immer STUHL
geblieben...

                        und du bist plastik! ich versetz
                        dich so fort vor die tür!

das lässt mich ganz.
ich bin nicht klein zu kriegen.
ich bin VON plastik,
und ich bleibe schwarz.

3. EIN STUHL IST EINE LEITER IST KEIN STUHL

(Anna sitzt auf einem hohen Edelstahlstuhl)
    von hier aus kann ich auf alle herabschauen
    mein stuhl ist ganz anders
    er ist etwas besonderes
    er ist der höchste
    mein stuhl ist ein thron
    er macht mich zur königin
    mein stuhl gehört mir

(Bella sitzt auf einem Zuschauerstuhl)
    ich mag meinen stuhl
    mein stuhl ist wie alle
    er macht mich gleich
    das gefällt mir
    ich mag nicht auffallen
    nicht aus der reihe tanzen
    stühle gehören in reih und glied

(Celina geht, steht, sucht)
    wenn ich zehn minuten sitze
    ich hasse stühle
    sie machen mich klein
    sie zwingen mich in die knie
    ein stuhl behindert mich
    er entfernt mich von der sonne
    er lässt mich kalt

*(die Sätze werden einzeln nacheinander gesprochen,
dann von allen gleichzeitig wiederholt, zunächst mit Lücken,
bis zu einem dichten, abrupten Ende)*

(Anna)

von hier aus kann ich auf alle herabschauen
ich könnte auf euch spucken!
gestern habe ich geträumt
ich sitze auf meinem stuhl
und mir zu füßen viele menschen.
während ich meine untertanen grüße
merke ich dass ich pinkeln muss
es wird ganz schnell ganz ganz dringend
keiner von denen ist in der nähe
die mir die krone aufgesetzt haben
es ist überhaupt niemand mehr da.
ich sitze auf meinem thron in der wüste
ringsum nur sand nichts als sand
kein baum kein mensch kein klo!
ich könnte es jetzt einfach laufen lassen
aber sie werden wiederkommen
und die spuren sehen
außerdem darf ich mich nicht bewegen
weil mein thron sonst wackelt.
ich halte es kaum noch aus
als ich plötzlich am horizont ein kamel sehe
ich will schon den mund aufreißen
schreien mit den armen winken
damit sich meine wellen verstärken
da klappt mein kehlkopfdeckel nach unten
die luftsäule kann nicht entweichen
ich denke ich muss ersticken –
wo sind meine kinder?
warum hört mich den keiner?

(Bella)

ich mag meinen stuhl
weil er so ist wie alle anderen
nimmt ihn mir keiner weg.
ich habe nie gerne gespielt
besonders die reise nach Jerusalem
wo ich um meinen stuhl kämpfen musste
ich kämpfe nicht gern
und ich verliere nicht gern.
warum gibt es nicht genug stühle für alle?
wenn jeder einen stuhl hätte
würde es keinen krieg geben.
jetzt habe ich vier stühle also kann ich
zwei ehepaare auf einmal einladen und
ich nehme dann den hocker aus dem bad.
das passiert aber nur einmal im jahr
an meinem geburtstag.
besser wäre es
jeder hätte seinen stuhl dabei
und ich hätte mehr platz!
früher war das klo die einzige sitzgelegenheit
in meinem badezimmer
ich hatte immer probleme mit dem stoffwechsel
aber irgendwann wurde mir klar
es ist unsittlich, jawohl unsittlich
das klo auch für andere zwecke zu benutzen
auf dem klo zeitung zu lesen
sich auf dem klo die fußnägel zu schneiden.
seit ich das klo nur als klo benutze
gehen meine geschäfte gut

(Celina)

wenn ich zehn minuten sitze
schlafen meine füße ein
wenn ich fünfzehn minuten sitze
fließt kein blut mehr durch meinen kopf.
mein kreislauf läuft nur im stehen
noch lieber gehe ich
ich habe mein programm in den fußsohlen
es läuft von alleine ab.
wenn ich sitze ist der stromkreis unterbrochen
deshalb muss alles schnell gehen
was ich im sitzen tue
deshalb muss ich schnell denken
deshalb muss ich schnell essen
deshalb muss ich schneller sein als alle
damit ich auf dem laufenden bin.
ich besitze nichts als einen freiraum
ich beliege nichts als ein bett
da liegt mein körper
und ich bin unterwegs
ich bin eine schlafwandlerin und
lasse mir diesen freiraum nicht nehmen
und ich besitze mein klo.
ich habe probleme mit dem stuhlgang
entweder habe ich durchfall
oder ich habe verstopfung
diese sitzungen gehören zu den schwersten
in meinem leben
auf diesem thron
habe ich noch nie gerne gesessen

4. DIES IST MEIN STUHL

DIES

wenn mein hintern mein stuhl ist
wenn dann wenn dann wenn DIES und dann DAS
ändert nicht viel: wie unten so oben so prak-
tisch und stuhl immer dabei und gut gepolstert und
wo ich sitze bestimmt mein fleisch.
wenn mein hintern mein stuhl ist
dann sitze ich lebenslänglich
wenn meine beine mein stuhl sind
dann sitze ich hier und kann nicht anders als warten
dass ich besetzt werde
dass ich benutzt werde
dass mich jemand bewegt

weil ich nicht in die knie gehen kann
muss ich strammstehen stare sto steti statum.
der status des stehenden ist ein statischer
der status des fragenden ist ein statistischer
der status des sitzenden ist ein eigentümlicher
der status des wissenden ist ein fragwürdiger

wenn mein kopf mein stuhl ist
dann muß ich mir genau überlegen:
   ist er ein essstuhl   kriegt er genug kraftfutter
   ist er ein arbeitsstuhl   kriegt er genug studentenfutter
   ist er ein liegestuhl   kriegt er genug schlaf?
   ist er ein stuhl mit vier beinen dann zäunt er mich ein
                hier bin ich zu haus
                da kenn ich mich aus

IST

dies IST mein stuhl da bestehe ich drauf
er ist es ganz im hier und jetzt im
großen und ganzen ist er kein zweifel: er ists.
dies WAR mein stuhl mein kinderstuhl
aber das ist glücklicherweise schon eine weile her
eine kurze weile eine lange weile eine kurze langeweile
dieses lächerliche gerät war mal mein stuhl?
vielleicht haben sie mich anders nicht bändigen können
weil ich so wild war?
vielleicht war ich nie so wild weil sie mich gleich
in diesen stuhl gesteckt haben
damit sie immer kontrollieren konnten
was ich mit meinen händen gemacht habe?
von anfang an von anfang an fang an fang anfangan:
die hände gehören auf den tisch
hast du dir die hände gewaschen
knabber nicht bohr nicht in der nase
gib das schöne händchen!

dies WIRD mein stuhl mein schaukelstuhl
aber das ist glücklicherweise noch eine weile hin
eine zeit-weise eine glücks-weise eine teil-waise
ein teil-zeit-glück.
was lange währt wird endlich wert und auf und ab und
hin und her und rein und raus und ohne über fluss
von der wiege bis zum schaukelstuhl am ende
wenn sich nichts mehr rührt.
ich will keinen schaukelstuhl ich will einen dreh
will wenigstens aus-sicht-rings-um!

MEIN

er ist MEIN besitz er ist sogar mein ei mein eigentum
dieser platz ist besetzt er gehört mir
er hört auf
den namen Terje und kostet zweiundzwanzig mark
auf katalogseite einhundert sechs und zwanzig.
es war nicht einfach
die vorstellungen meines hinterns und meines rückens
und meiner augen unter einen stuhl zu bringen und
als ich es endlich geschafft hatte
begann mein portemonnaie zu stöhnen...
jetzt sitze ich auf diesem kompromist
und stöhne spätestens nach zehn minuten

wenn es DEIN stuhl wäre würde ich!
ich würde dich erst wieder besuchen, wenn du einen an
ständigen stuhl hättest nicht so ein dürres gerippe!
mit meinem stuhl bin ich nachsichtiger
mein stuhl ist stabiler
mein stuhl ist viel viel schöner
als die übrigen 499 999 dieser serie.
mein stuhl ist nicht mein stuhl
weil ich ihn gemacht habe
mein stuhl ist mein stuhl weil ich ihn gekauft habe.
warum darf ich nicht im stehen arbeiten?
stuhlhersteller und stuhlverkäufer stehen den ganzen tag.
wenn ich stehend schreiben würde wären sie arbeitslos.
ist es also unsolidarisch
im stehen zu schreiben
im stehen zu essen
im stehen zu lesen? nicht zu lesen!

STUHL

dies ist mein STUHL
weil er vier beine hat auch mein TISCH
es ist mein stuhl
weil er vier beine und eine horizontale fläche hat
auch mein tisch und mein hocker und mein hund und
mein bügelbrett
es ist mein stuhl
weil er vier beine hat und eine horizontale fläche
und eine vertikale fläche für den rücken.
das unterscheidet ihn von allen anderen.
mein stuhl ist also ein stützmöbel, eine pro-these
oder eine syn-these, weil er auch den rücken stützt.
mein stuhl ist mein zeuge weil er mich entlastet.
er entlastet mich von meinem körper
der ständig mit forderungen auf mich zu kommt:
lass dich nicht so gehen
lass dich nicht so hängen
lass dich nicht lass dich lass dich doch nicht
zeige mehr rückgrat
mehr standhaftigtkeit mehr selbständigkeit mehr mehr

ich bin besessen von der idee
dass nicht der aufrechte gang sondern die erfindung
des sitzens den menschen vom tier unterscheidet.
natürlich könnten wir auch auf kissen sitzen.
natürlich könnten wir auch auf kissen küssen.
natürlich könnten wir auch im stehen küssen.
wahrscheinlich sollten wir alle stühle verbrennen und
überhaupt alles was uns am küssen hindert.

ZUCHTPERLEN
ein Treppenstück

keine rolle kein als – ob
nur echte perlen
schweiss das spiel
als treppe auf & ab
in schritten von genormter
größe aus gewählt
ein stück weit leben
Sisyphus lässt grüßen

bilder aus dem all: der weg
das tägliche passierbare
ist eine welle vorwärts
schwung auf schwung
mit schwielen in den kehlen
wo die mandeln manches
beugen schrecken
mitten durch das stück:
ein scharfer ton
ist der berührungspunkt

das rätsel trägt sein zeichen
unterm kinn treppauf treppab
ist es egal wie einer zählt
ob langsam oder schnelle schritte

in der nähe des begegners
schlangenlinie trägt sich jeder
mit der frage seines seins
auf eben dieser stufe

treffen bäuche den moment
der reibung ist der knoten
unausweichlich schneiden
parallelen sich ins fleisch

neue räume neues spiel:
die farbe rot wünscht sich
als form ein auto stößt
solange vor und rück
wärts wie die stange hält
die töne fallen sich ins wort
vergeht das hören wenn es
fällt ins unbewusste
sammelt dort erregung

gleiche wellenlänge schaukelt
sich zur krone auf
der schaum als höhepunkt
rollt aus im sand
bis an den rand der stille

die bewegung teilt sich mit
den köpfen überraschend
für gedankenträger fühlbar
wärme wenn der punkt getroffen:

wenn es da ist
schweißt es sich zusammen

punkte komma zeichen blicke
wagen den versuch von nähe
schweifen weiter jeder schritt
verändert das gesicht

FORMEN DES WASSERS
eine Woche in Marienbad

*wer weiß ob sie aus EINEM glas getrunken
denn seiner reise anlass war das alter
im brunnen ihrer jugend tief versunken
blieb trotzdem er ein guter unterhalter.
dem zauber seiner sprüche wohl ergeben
verweigerte sie ihm ihr holdes beben*

blauer vorhang fällt von oben
hüllt Mariens badehäuser ein in kost
bare erinnerung: dort liegt SEIN herz
im gläsernen reliquienschrein
(der mann des liebens! Werther! dichter!)
liegt im kreuz von WILL & HABEN
soll zersprungen sein erhitzt
getaucht in glaubersalz und tränen –
aufgehoben um mit seinem glanze
aufzumöbeln schön-brunn-gelbe bäder

in diesem nassen März führt eine straße
hinters licht der strahlenden fassaden
nähe ist ein fremdwort kalte
schwarze wälder alte mauern sind
verschlossen ohne sprache & devisen

erste zeichen weisen auf die käuflichkeit
von wein und liebe (selbst mit einundsiebzig
hat man manchmal feuchte träume)
doch im boot zum andern ufer sitzt die zeit
hat eine weiße eine schwarze seite
wartet schon auf neue gäste

kaiserwetter ist bestellt
damit die frisch gebackenen
pensionen um die gelder strahlen
sonne ihre kraft verschleudert
abgestaubte haselsträucher
puderwolken bienenhonig
sprudel in erwartung neuer quellen
wurden aufpoliert hotelpaläste:
bürger bauer, nichts für bettelmann

    der jungfräuliche dichter reimte
    heftig wenn die liebe seinen körper
    in bewegung wuchsen flügel auch
    dem geist er galoppierte ungezügelt
    schrieb *die Lieb sich aus dem Leib*
    und fuhr so gern auf reisen fort
    bis es sich über nacht amortisierte

    im ursprung war die suche
    nach dem wissen das geheimnis
    seiner lebenslangen jugend
    immer neu genie die lust zu wecken
    zu entdecken fremder augen glanz
    so springlebendig hin und auf
    gerissen ganz im hier und da sein
    spaß am schenkel schunkeln –
    makellos und edel schuf er
    seine letzte liebe unerreichbar
    als ein bild des himmels
    überlebte sie in seinem rahmen

ziemlich grün erst siebzehn
war die hübscheste der schwestern
jenes urlaubs achtzehneinundzwanzig
als es knisterte und funkte.
voller freude – voller zweifel
scheit für scheit so legte er
geschenke in das feuer seiner lust
wurde über wochen nicht gescheiter
um den schein zu wahren
sagte *Töchterchen* zu ihr
die vaterrolle war gerade frei

himmel wolke sieben
schrieb er seinem traum
bis sich im dritten sommer
ihre wege kreuzten angekommen
in der violetten luft des abschieds
war der engel weit genug entfernt
um wirklich fleisch von seinem teller
zu verlangen langten ihm
der worte geist
der unaufhörlich floss

im letzten jahre seiner buhlerei
war er nicht gut in schuss
bis sie ihm wieder sprudelte:
die quelle seiner energie
lag nicht im brunnen
lag im sinne des betrachters
der im spiegel ihrer augen strahlte

die quelle der begeisterung
entspringt aus sieben löchern
wohl verteilt im kopf
durchdringen sinne alle poren
eines gegenübers wenn sie offen:
treffen sich zwei paare augen
in der tiefe der PUPILLEN
schlägt es ein wie wetter
leuchten unvorhersehbar
durch einen blick

der geist der stimme gleitet
über fell und OHREN in den bauch
gespannt ein gleiches das vibriert
getrommelt auf der innenseite
einer andern haut

der nächste sinn ist flüchtiger
verbunden dichter dem begehren
strenger hüter einer hülle
meldet abwehr oder sieg:
der duft
und wen er für sich einnimmt
dessen herz kommt unaufhaltsam nah

    hätte er gefragt
    kannst du mich riechen?
    hätte sie gelogen oder
    eingestanden ihrer NASE lust
    am schweiß des jungen gärtners?

seiner jahre vorsprung trotzend
auf der holden schwelle
ihres zimmers stand der alte
bettler brachte blumen bücher
kostete das lächeln ließ
die ZUNGE ahnen fühlte er ermuntert
zu entfalten sich als schmetterling
verrückt und bunt im winter seiner zeit.
zum tausch der säfte wollte er
den vorstoß wagen trotzig flog er
gegen ihre lippen – und zerbrach

im letzten sommer seiner neigung
konnten auch touristen die erregung sehn
die ihrer stimme schall in ihm bewog:
sehnsuchtsvoll verfangen sich
im gegenüber üben fassen hand
und fuß auf fremdem boden
neuland sich erobern wie verliebte
in dem spiel der warmen wellen

lustvolle bewegung die das blut
dem körper mitgeteilt so angerührt
und flutend durch die HAUT so
zog sie ihn zum park wo die fontäne
hohe bogen spritzte zarte schauer
über sie ergießend wenn der wind
sich drehte zog er sie vorbei –
vorbei der letzte kreislauf hand
in hand ein ziehen in der brust

was rührt: ist es erinnerung im körper
eingegraben in der knochen tiefe
wir nicht habhaft es begreifen können
glaubhaft es nicht finden nennen zufall
was ein wiederfühlen ist?

früher wandelte man langsam
angemessen kleine blicke zu bemerken
auch nach rückwärts alles
sehend grüßend und im ablauf
aus den frischen quellen
alle neuigkeiten wissend.
unterm eisenhimmel filigran
barocke illusionen vorgegaukelt
nachgezeichnet bogenform und fülle

> *das spiel des wandels höflich zu verkleiden*
> *dem diente herrschaftlich gewölbte pracht*
> *die quellen strömten und verströmten heilkraft*
> *und körper trafen sich für eine nacht*

wandelnd trugen männer hüte
manche hielten es für mutig
sie im liegen abzusetzen –
damals weiß man küsste Casanova
in der nähe gab es viele damen
die gern reigen tanzten

doch inzwischen wechselten die stoffe
goldbesticktes wich blue denim

wie die gäste: nach den hohen
geistern kam das breite – geld.

herrscher heute tragen
ausgebeulte knie halten hüte
nicht für nötig, aufgesetzt
bloß um zu grüßen?
kennen vorher oder nachher keine
NUR das zeichen ihres busses

die reise zu den quellen
ist genuss & qual
macht süchtig oder sichtig den
der nicht darin ertrinkt

liebe die die körper bindet
weist den weg doch finden wir
den geist der tiefsten quelle
nur allein

WENN ICH DU WÄRE
Perpetuum mobile

bei eins pass auf die augen
und wo bist du: außen oder innen
angepasst an das was dich
umgibt ein meer von tropfen
woher kommt es wie herein
war es ein unfall fehlt das auto
unter wasser keine straße ist
Aquarius der hüter deiner luft?

bei zwei pass auf wie lange
deine tüte reicht wie weit du
gehen kannst sind deine schritte
quer zum element identisch
der gedanken güte garantiert
dein überleben hier am ort
die auswahl falls getroffen
sollte dir erfüllung sein

bei drei pass auf den wasserfall
allein ist keiner tausend tropfen
dunkelheit braucht licht braucht
träume für das unvorhersehbare
dieser augenblick den du verpasst
wenn du nur auf dem rechten weg
korallen oder muscheln suchst
anstatt dir eine nixe vorzustellen

bei vier pass auf den raum
weißt du wo seine ecken wo
die tür vielleicht ein fenster
sollte es der zufall wollen
dass ein haifisch kommt
der lange nichts gefressen
hat der dich verwechselt
mit den rosa meeresfrüchten

bei fünf pass auf die wasserschlange
deren reich du teilst und ohne frage
ohne anzuklopfen weil kein balken
wissen willst wie sie es macht
die haut zu wechseln ohne reiß
verschluss und ohne sich zu reiben
an dem widerstand von blicken
aus dem auge eines bademeisters

bei sechs pass auf das licht von oben
oder plötzliche reflexe weiche aus
dem nichts ein koffer kommt geflogen
ein paar quallen quer geschwommen
kannst du überbrücken diese strecke
die du ohne durst verlassen würdest
hättest du nicht angst vor solchen
fällen deren helligkeit dich blendet

bei sieben pass auf liebe droht
ein auftrieb innerhalb der bahn
auf anhieb eine hand genommen
hättest du gehalten sie jetzt auf
so wäre sie noch nicht vorbei
verschwommen unberührt von dir
und deinen wellen deinen pausen
an der schwelle jeder neuen bahn

bei acht pass auf die sprossen
an der wand so fern du willst
das schauspiel wieder holen
angekommen irgendwo wirst du
vielleicht behandelt wie ein nilpferd
hast auf alle fälle zugenommen
an gewicht und an erfahrung nur
um immerfort dich zu verwandeln

ZWISCHEN SÜDFÖHN UND NORDTIROL
eine Woche im Freistaat Burgstein

GEGEN SÄTZE

was haben wir zu schaffen
nord und süd versetzt ein ander
ort ein steiniges stück weg
mit anderwetter anderwind mäh
ander ander ander

kühe schafe und geköpfte birken
sturmerprobt elasTISCH
bin ich nicht – ein stadtgewächs
mit mindestens sechs beinen
davon zwei behaart
bin prakTISCH nichts
wenn dort kein TISCH im zimmer
bin ich einfach nicht idenTISCH

fremde klänge grünes rauschen
rauer tönt der atem
wenn er durch das tal fährt
ungeborgen zwischen nord und süd
bekannte wörter stoßen auf
der unbehausten zunge

mitgift von zuhaus: ein bienenstich
erinnerung von linker hand von herzen
schmerzhaft langer abschied
scheu der füße vor dem schauer
wächst der schwindel übern abgrund
trägt mich diesmal keine hand

HÜRDENLAUF

was zieht uns an:
    der ort
    das thema
    unbekanntes
    flug
    objekt
das endlich landen will
im schoß der berge

wir wollen keinen urlaub machen keine kinder
tragen keine schi und färben leinwand haare
färben vielleicht ab auf die kinder des tales

    man macht uns kein feuer
    sind wir nicht willkommen
    das fell von kalten tieren
    verziert hier die wände

gegenSÄTZE sollen uns bewegen unser tun
und treiben keine platt gewalzten formeln
feste muster oder maschen: die freiheit beginnt
mit dem frühstück von acht bis halbzehn,
echt ausländischer bienenhonig garantiert
geschmack und qualität aus welchen landen
kennen bienen schlagbaum oder grenzen?
schon geht es gegen satz und satz
die erste haut die zweite
haut die dritte wehrt sich kläglich

NETZE KNÜPFEN

die kälte in einem
die wärme im andern haus
und berg gesondert
rein und raus die braunen
kacheln nur mit hausschuhen
betreten schreibt die ordnung
der schuhe des fremden verkehrs
vor im kampf gegen schmutz.
in zeiten der armut
war die nutzung der schuhe
geprägt vom ablauf des tages:
ein paar für sechs füße

re-volvere: zurück gerollt gedreht
wohin – die trommel die leier oder
das roulette? wer spielt mit dem leben
wer trennte die töchter
von den versehrten vätern zur gleichen zeit?
wir trennen den pullover von hinten auf
wir räufeln die wolle wir glätten den faden
und lösen das geheimnis von neunzehnhundert
zweiundsechzig um boden und blut und asche
die angst in Bozen in Cuba und in Berlin

was prägt ein leben
die ordnung der paare
der holzscheite zahnstocher
der gescheiterten revolution?

ALLES SCHÖNE INKLUSIVE

das liebe vieh vergisst den einzelgänger
und marschiert im takt der glocken trächtig
butter käse stroh diverse fladen
träume von kühen von glühenden sonnen
untergängen auferstehungen allzeit
bereite kreisende natur

        die tiroler sind lustig
        sie vermieten ihr bettchen
        und die preußen sind froh
        denn sie habens gern so

wer garantiert das wetter die erregung
täglicher freude den kitzel des ungewohnten
        aber nicht zuviel
wer misst die temperatur des schwafelwassers
wer überbrückt den abstand zwischen miss
        trauen und haut?

das abenteuer hier ist billig
kommt von oben wirft mit steinen
und du zitterst doch die kleinen
unsichtbaren geister kugeln sich

dein reißverschlusslächeln mit zusammen
gebissenen zähnen verheißt der zarten
pflanze edelweiß ein abgebrochnes ende

DAS HAUPT DES GEHÖRNTEN

wie ich ihn beneide
dieses stolze kinn
den ausgeprägten hörnern
grad zum trotz ein
weises lächeln überhaupt
welch herrliche erscheinung

im vergleich zu manchen
die ich schwanken sah
in seinem alter fast
am boden weder haltung
noch den starken ausdruck
im gesicht

hinge er nicht unterm dach
verkürzt auf kopf und kragen
an den braungestrichnen
fichtenbrettern
blickte er nicht glasig
übers tal der alte bock:
wie gerne wär ich
seine junge ziege

ANRUFUNG

wähle die eins die neun
die acht die zwei den busen
das kabel doch wähle
(du hast keine wahl)
einen könig
die drei die vier die mitte
den Melchior den heiligen
Ägidius dass er dich leite
durch dieses weiße tal und
zahle mit aufmerksamkeit

nicht hören und sehen
kommt teuer zu stehen
im regen verschweigen und
hörig sich neigen der stimme
am ende der schnur

den nabel das kabel gekappt
und bereit deine eigene stimme
zu testen das wagnis nach echo
zu rufen den wald nicht zu fürchten
die räuber die buben das as

HIMMELS LEITER

heute morgen drei schritte vor
die sonne wagt es wieder
gegen den schnee zu tanzen
zwei schritte zurück das gift
in der hand spricht von stau
in der kreuzung von horizont
und bäumen

fäden verfangen sich augenblicklich
bilden einen knoten lösen finden
einen andern blick eintauchen
bis zum siedepunkt – und wellental
ein treffen und verlassen auf & ab
der wasserspiegel schwankt
gefühle fallen oft zur falschen zeit

ein schritt ein satz dagegen
sehen berge kleiner aus
von oben betrachtet
die zeit eine gleichung
von wachsamkeit und wärme

versteinerte geschichten
erlösen sich durch blicke
ein lächeln zwischen zwei zeilen
leicht geöffneter zähne

STEIN ERWEICHEN
Märchen

es lebte fern im Rosengarten
einst ein junger stein
er wird so drei vier
hunderttausend jahre alt gewesen sein
als er sich eines rosa morgens fragte
ob es richtig sei
allein
zu sein
als stein
und immer lauter fragte
bis das echo rief: nein – nein
nein neineineineinein

der stein erstrahlte innerlich
vor freude
machte einen kleinen satz
hin auf den weg
der nah bei seinem angestammten platz
nach oben führte
alle
die zum gipfel wollten

wo er gerade vor die füße
einer elfe rollte
die ihn aufhob und die wärme spürte
seinen tiefen wunsch nach nähe

bist du schön
erkannte sie und stärker glomm
der helle schimmer
durch die haut des steins
nach außen
spiegelte sich
im gesicht der finderin
erfand sie seinen namen:
Albion, so rief sie
willst du mich begleiten
möchte dir den gipfel zeigen
einen solchen ausblick
hast du nie gesehen
diese weite
nahe der unendlichkeit des seins!

und er glühte vor entzücken
immer heftiger verhaftet
seinem traum von zweisamkeit
schon drohte er zu schmelzen
als die elfe einen schrei
ausstieß
ihn fallen ließ
vom paradies
zurück auf harten kalten boden!

bist du denn des teufels
brennst ein loch mir in die haut
so rief sie lauter
als im wald es üblich war
und alle zwerge elfen
musikanten kamen
um zu sehen was geschehen
wem zu helfen wäre –
was dem stein so peinlich war
dass sich sein glühen noch verstärkte
er am ende seine form verlor

so kann es einen stein erweichen
wenn die liebe ihn berührt
erhitzt
versetzt
verletzt
doch wenn er wieder
von ihr träumt im sonnenuntergang
erfüllt ein rosa leuchten
ihn noch immer

GRÜSSE AUS DEM WELLENTAL
toskanische Ausflüge

PROLOG

und wenn es herbst wird
hängen wir unsere kissen in die bäume
damit der sturm sie gründlich lüften kann

die meisten lassen leicht
von den träumen des sommers
nur die verschwitzten werden eingeweicht
und wenn der regen prasselt über wochen
dann wissen wir
das war ein heißes jahr

1

mein körper weiß es
zieht hinein mit tiefen zügen
ja – hier ist es bin ich da
selbst mit geschlossnen augen
düfte von olivenholz und
melodie da capo: sehnsucht
ankunft rückkehr frage mich
warum nur immer wieder
mit der masse
lehrer psychiater künstler
in die eine
einzige geliebte gegend?

ist landschaft heimat
bleibt sie ewig? warum
lockt die trockene Toskana
rattenfängergleich in scharen
kühle europäer in die falle
fesseln sonne wein und wind?
oder sinds die müden farben
der melancholie: wie rost und
kalk oliv und schwarz?

ich frage mich und will es
doch nicht wissen
den zauber nicht zerstören
wiederkehren

2

es könnte auch der rhythmus sein
das auf und ab der bodenwellen
schwingt in sanfter harmonie
du findest hier kein jammertal
kein gipfel droht den blicken

als reisende kam ich bisher
im Mai und im sanften September
vermeide den brütenden sommer
ich liebe die leeren felder
den hellen boden der Crete

diesmal ist es spät im jahr
ich suche nichts
besuche freunde auf der burg
ist wohnen frei für kunst

mein atem öffnet weit
die lungenflügel
lässt mich schweben hoch
bis zu den wolken
angestoßen
aufgerissen
schauereimer schütten alles aus
vergiss den schirm
ein leichtes spiel
zeug für den wind

3

wer vom November spricht als totenmonat
war noch nicht hier in dieser zeit
wo vieles – befreit
von der senkrechten kraft der sonne
aufs neue grün wird blüten trägt
oder sich rundet zur ernte

so wie die schwarzen oliven
je kleiner desto kostbarer das öl
und extra jungfräulich
von dunkelgoldener farbe

so wie die abendsonnen der kaki
leuchtend in sattem orange
die haut kurz vorm zerplatzen
an den entlaubten bäumen
eingezäunte verbotene frucht

so wie die letzten feigen
violett und wild am weg
bei den verlassenen häusern

endlich der granatapfel
als hätte er gewartet
nach ungezählten nächten
mir eine anzukünden voller saft
die dunklen kerne liegen
in weiches fleisch gebettet
geschützt von harter schale

4

der adel auf der burg ist ausgestorben
das bauwerk demokratisch aufgeteilt:
ein advokat ein arzt und
die kommune, um sich zu schmücken
pflegt den künstlertausch
es gibt genügend platz für große bilder
ein freiraum für die lichte art des sehens
und für besucher, niemand kontrolliert

die erste nacht im turm
klingt fremd und unbeschreiblich
– ja wenn jetzt frühling wäre –
doch der sturm schwillt an
er rüttelt hart und ungestüm
die alten fensterläden
schon höre ich gespenster

als im morgendämmerlicht
endlich ruhe eingekehrt
beginnen tauben ihr geschäft
und gurgeln mit den erbsen
ihr geräusch verdoppelt sich
dringt ein durch haut und knochen
wellenförmig die bewegung
ihres loblieds der natur

5

auf der suche nach den gründen
die mich in den süden locken
finde ich sirenengleiche stimmen
die mein trommelfell bespielen
über härchen streichen
ihre schwingungen
zum becken senden –
ausgeschaltet bleibt
von dieser art frequenzen
nur der kopf
am knopf dreht lust
am rauhen SUONARE

gleiche wellenlänge
träume ich bin eingelullt
von weiblich weichen endungen
der schönen klänge
im kontrast zur harten botschaft
die ich nicht verstehe

6

wenn du zum manne gehst
vergiss LA FRUSTA nicht
wie *Nietzsche che dice* *
so ist hier die peitsche
ein instrument der erkenntnis

triffst du auf einen schaumschläger
kann nur die peitsche
der sprache dich retten
beherrschst du sie nicht
beachte die zeichen
sprache seines körpers:
die hand am gürtel deutet
der süßen worte versprechen
von ZUCCHERO
in sacharin

auch ist es ratsam
die ganze palette der himmels
stürmenden flüche zu lernen
sonst lächelst du zärtlich
wenn so ein STRONZO
dich liebevoll TROIA nennt

* *Titel auf der gleichnamigen CD von Zucchero*

7

wir kennen uns flüchtig
zuhause
ist jede in ihrer kunst
der anderen nah
jetzt teilen wir die blicke
und tauschen die geschichten

die stimmen der steine
vernimmst du nur am Sonntag
wenn die sägen schweigen
die sich fressen in die wand
und du stehst außerhalb der zeit
betrachtest diese wunde und
willst wissen was die erde fühlt.
du bist berauscht von schichten
die du sehen kannst
jahrtausendlang gestapelt
gelbe braune lagen formen
reiche sprache der natur
die rundungen im fluss erstarrt
was hat sie hartgemacht
und werden sie zerrinnen
wenn sich kreise wenden?
wir staunen fragen lesen
legen bloß gedanken spiele
sind uns nahe sind uns fremd
verletzlich aber hart gemacht
schützt das visier der sprache

8

orte oder plätze
voll versteckter zeichen
wie das alte waschhaus
frauenkathedrale
beichten oder bleichen
laken weiß wie neu

bei fünfgradplus posierst du nackt
in einem leeren becken zitternd
vor entdeckung oder kälte ?
rasch ein foto rund
die fenster die sich spiegeln
wo noch wasser steht

dämmerlicht lässt schatten
tanzen jetzt die alten
tauchen in den brunnen
spülen weg die zeilen
zeit auf ihrer haut

wir fühlen uns noch jung
und wenn der spiegel eines tages lügt
wird er zerstört
wir gehen in ein waschhaus
tilgen flecken
glätten falten oder
kaufen uns ein neues
weißes kleid

9

in der nähe einer hügelkette
wo die haut der erde
dünn und durchlässig
für aufgereihte schwefelquellen
stinkt es

den finger in die öffnung:
fühl das prickeln aus der tiefe
warm und modrig schichtet
wasser kalk auf kalk so
dass der erde körper weiß und
glatt an dieser stelle langsam
weißer meine finger
unbeweglich wird die haut

später werden wir zum standbild
unter hohen kalkkaskaden
die auf kopf und rücken trommeln
uns mit schichten überziehen
wie die blätter wie die steine
porzellanfiguren gleich

und in das rauschen
mischt sich ein klang
von ewigkeit und tiefe

10

die ankunft von UFOs
wird zum wochenende erwartet
der kleine ort bewegt sich darauf zu
in jahrelang erprobtem ritual:
die burg von zelten eingekreist
ein mann schleppt aluminiumstangen
fünfe stehn und halten ausschau
und am schluss ein rasengrünes dach
aus segeltuch mit langen fransen
für den wind der heftig bläst
und knattert so als gälte es
eine regatta zu gewinnen

die burg besetzt und eingenommen
geld vor kunst – wir flüchten
unters dach die bilder werden beute
beute zeigen herrscher gern

geputzt vom taubendreck die burg
ein schmuckstück ohne zweifel
auch zugleich der schönste rahmen
für geschäft und malerei

in gewölbten angestrahlten kellern
residiert der star:
TARTUFO BIANCO
weißes gold des harten mergelbodens
wächst die unscheinbare knolle
in den gärten Aphrodites
dieser zauber kostet seinen preis

11

langsam unaufhaltsam strömen düfte
von der tiefe des castellos aufwärts
ein gemisch aus moder-nässe-trüffel
legt sich flüchtig dann betäubend nieder

wir betrachten das schauspiel von oben
die inszenierung südlicher pracht
in germanischer gründlichkeit:
empfänge in antiken kostümen
bunte fahnen runde tische für
gespräche mit alibifrau, verleihung
eines *Trüffels für den Frieden* halbe
halbe an die UNO und nach Spanien
abgesandt – und trüffelreden rein
theoretisch seit dem sechzehnten
jahrhundert bis in die ewigkeit.

tartüff tata
am späten abend zieht der strom
von eingeladenen zum galamahl
wir sind gespannt – beim ersten mal
crustini mit drei spänchen trüffel
fein geschabt ein hoch genuss
die nächsten gänge trüffelträger
suppe pastaröllchen fisch und
kalbfleisch und gemüse
unterlagen für den teuren hauch
der langsam unaufhaltsam penetrant

12

am Sonntag strömen die sippen
und zeigen her was sie haben
in ihren schränken pelze mit
gut gepolsterten taschen
autos parken außerhalb der festung
trennt ein graben die bewohner
mischt sich auf der piazza alles
wogt ein buntes stimmenmeer

den kindern wird gezeigt wie man es macht
die gutversteckten trüffel aufzuspüren
mit stock und hund bewaffnet zieht mann los
beachtet streng die ungeschriebnen grenzen

die schlanken leute kaufen öl und wein
die dicken einen mittleren tartufo
und weil die blicke diesmal gratis sind
schaut jeder im vorbeigehn auf die kunst

wir essen die blicke
und zehren vom gestrigen überfluss
das sind wir gewohnt
wir sind nicht verwöhnt
ein guter künstler wird selten fett
und morgen gehört uns wieder
die halbe burg

13

der schlüssel SPRACHE öffnet häuser
die uns fremd so wie sie selber
fremde sind in dieser gegend
wurden sie verpflanzt aus ihrer heimat
zu bestellen die verlassenen äcker

die stunden des schäfers sind gezählt
sechshundert tiere wollen versorgt sein
wenn sich das stalltor öffnet
schieben drängeln stoßen viermal
sechshundert beinchen ins freie
und ihre rücken fließen hin
zur wiese wo noch gras wächst

jetzt ist es zeit
die jungen von den alten zu trennen
der schäfer in seiner übersicht
erspart den tieren die kämpfe
um sieg und platz, sich selbst
die arbeit an den wunden der dummheit
mit seinen tieren kennt er sich aus

am abend zuhause
in der sardischen sippe
herrscht kein zweifel
wer regiert

14

die menschen sind schlecht
hast du erfahren
nachts mit quietschenden reifen
wenn behäbige unken kreuzen
starr im licht dem ende
entgegen ihrer erwartung
geborgen von warmer hand
und aufgehoben für sekunden
oder einen verschlafenen winter

so kommen wir langsam voran
es gibt viel zu retten
in dieser rasenden zeit
die kröten die igel sogar
ein stachelschwein das amok läuft
auf gleißendem scheinwerferweg

Mikadostacheln markieren
die orte von hetze und angst
verlorene speere
verlorene zeichen
die waffen taugen nicht
in einer welt
die jagd auf alles macht
was sich als schwächeres
entgegenstellt

15

die burg ist kalt – in ihren
kaminen brennt kein feuer
wir warten und wir frieren
vor unserm fenster hocken
die tauben die uns rufen:
nur-zu nur-zu nur-zu

heute gilt es zu geben
die freundschaft zu erproben
wieviel sie trägt

wir warten auf den Pan
der uns begleiten soll
an einen ort den keine
von uns vorher betreten
wir warten und wir trinken
und dunkelrot vermischt sich
der wein mit unserm blut

da klingt ein scharfer ton
eindringlich von der straße
doch ist es keine flöte
und der ist auch nicht Pan
der uns nach draußen lockt

16

auf diese nacht
noch scheint sie rein
wie frischer schnee –
fällt schon ein schatten
dann das blut
und krämpfe zeigen
einer wunde schmerz

die sprache jener bilder
voll gewalt und gier
zeigt eine andere welt
als dieser körper
der sich selber jungfräulich
unfassbar fremd
in seiner suche nach
befreienden momenten

so bist du näher
jetzt als er – tabu
tabu das gute kind
gehorcht hört immer noch
und malt dämonen an die wand
die sich nicht scheren
das gesicht zerkratzen
fratzen schneiden tanzen weiter
ungebannt im kopf

17

wir fahren in die stadt
anstatt mit wörtern uns zu messen
wird geopfert und bestochen:
haben wir den wert verloren
nehmen maß mit fremden blicken
sind uns darin gleich?

wir sehen schwarz und kaufen
kaufen ein wie abbildungen
wollen uns verwandeln:
        schwarz & rot
die lippen wie die kleider
alles gleich kopie kopie
nichts soll uns unterscheiden
so wie gestern nur im geist
geschwister
sind wir äußerlich verwandt
jetzt auf den ersten blick:
        rot & schwarz
in diesen farben heißt man uns
willkommen in der unterwelt
des glücks

so wäre nichts erreicht
dass alter weisheit brächte
oder heiterkeit
in den spielen des fleisches

18

ich fand einen platz
wo ich bei mir war
dort standen viele zypressen
ich wählte eine blind
und lehnte mich
mit dem rücken an ihre haut
so lernte ich sie kennen
konnte mich wenden
und sie umfassen
ihr stamm war schlank und glatt
ich hielt ihn fest
vom boden her stiegen sanfte
wellen in die beine
und erde und zypresse
waren im gleichen rhythmus
mit mir

nun stimmten auch
wind und regen mit ein
entfachten ein feuer
das mich noch lange wärmte

19

si vede
man sieht sich
wer weiß vielleicht
si vede
summen die hügel die täler
wir sehen uns sicher immer
wieder ankunft abschied
ein kleiner tod solange
ich träumen kann si vede
solange der atem fließt

ich rolle nordwärts
durch den regen
si vede
singen die räder
der vernunft
solange sehnsucht bleibt
kehrst du zurück
si vede
und Pan schenkt mir
zum abschied
zwei diamanten
für einen
augenblick

Die Gedichte sind ab 1988 entstanden. Ihre Schreibweise dient in erster Linie dem Rhythmus.
Wörtliche wie rhythmische Zitate, ebenso Anmerkungen sind kursiv gesetzt.

Inhalt

Loch auf Loch zu   5

Mond Art - Hut sucht a   19

Hacke Peter und Rosen   28

Wie Stuhl und Lust   31

Zuchtperlen   53

Formen des Wassers   57

Wenn ich du wäre   66

Zwischen Südföhn und Nortirol   69

Stein erweichen   78

Grüße aus dem Wellental   81